Santour

Travaux de conception et d'implémentation d'une e-plateforme

Santouro Cyrille Patrick Da

Travaux de conception et d'implémentation d'une e-plateforme

cas du paiement électronique des cotisations à la Caisse Nationale de Sécurité Sociale(Burkina Faso)

Éditions universitaires européennes

Mentions légales / Imprint (applicable pour l'Allemagne seulement / only for Germany)
Information bibliographique publiée par la Deutsche Nationalbibliothek: La Deutsche Nationalbibliothek inscrit cette publication à la Deutsche Nationalbibliografie; des données bibliographiques détaillées sont disponibles sur internet à l'adresse http://dnb.d-nb.de.
Toutes marques et noms de produits mentionnés dans ce livre demeurent sous la protection des marques, des marques déposées et des brevets, et sont des marques ou des marques déposées de leurs détenteurs respectifs. L'utilisation des marques, noms de produits, noms communs, noms commerciaux, descriptions de produits, etc, même sans qu'ils soient mentionnés de façon particulière dans ce livre ne signifie en aucune façon que ces noms peuvent être utilisés sans restriction à l'égard de la législation pour la protection des marques et des marques déposées et pourraient donc être utilisés par quiconque.

Photo de la couverture: www.ingimage.com

Editeur: Éditions universitaires européennes est une marque déposée de
Südwestdeutscher Verlag für Hochschulschriften GmbH & Co. KG
Heinrich-Böcking-Str. 6-8, 66121 Sarrebruck, Allemagne
Téléphone +49 681 37 20 271-1, Fax +49 681 37 20 271-0
Email: info@editions-ue.com

Produit en Allemagne:
Schaltungsdienst Lange o.H.G., Berlin
Books on Demand GmbH, Norderstedt
Reha GmbH, Saarbrücken
Amazon Distribution GmbH, Leipzig
ISBN: 978-3-8417-9532-8

Imprint (only for USA, GB)
Bibliographic information published by the Deutsche Nationalbibliothek: The Deutsche Nationalbibliothek lists this publication in the Deutsche Nationalbibliografie; detailed bibliographic data are available in the Internet at http://dnb.d-nb.de.
Any brand names and product names mentioned in this book are subject to trademark, brand or patent protection and are trademarks or registered trademarks of their respective holders. The use of brand names, product names, common names, trade names, product descriptions etc. even without a particular marking in this works is in no way to be construed to mean that such names may be regarded as unrestricted in respect of trademark and brand protection legislation and could thus be used by anyone.

Cover image: www.ingimage.com

Publisher: Éditions universitaires européennes is an imprint of the publishing house
Südwestdeutscher Verlag für Hochschulschriften GmbH & Co. KG
Heinrich-Böcking-Str. 6-8, 66121 Saarbrücken, Germany
Phone +49 681 3720-310, Fax +49 681 3720-3109
Email: info@editions-ue.com

Printed in the U.S.A.
Printed in the U.K. by (see last page)
ISBN: 978-3-8417-9532-8

Remerciements

Nos remerciements vont à l' endroit des personnes sous citées :

- ♦ Le Directeur de l'informatique et de la statistique
- ♦ Mr Etienne PITROIPA, chef de service étude et développement

Pour le soutien.

- ♦ Mr Vital DJIGMA,

Pour son encadrement, son implication, ses conseils et toute l'expérience qu'il a bien voulue partagée avec nous.

- ♦ Mr ABDOULAYE SERE

Directeur de mémoire pour ses conseils utiles qui ont permis d'améliorer le présent document.

- ♦ Mes Collègues

Pour leur collaboration.

- ♦ Mes parents et amis

Pour leur soutien sans faille et leurs conseils motivants.

Résumé

Résumé

Le but de la présente étude est de mettre en place un outil moderne de paiement des cotisations au profit de la Caisse Nationale de Sécurité Sociale (CNSS). La plateforme permettra de :

- simplifier les procédures relatives à la déclaration des salaires et au paiement des cotisations;
- fiabiliser les transferts d'informations entre la CNSS et les affiliés;
- réduire les délais de prise en charge des déclarations et des paiements dans un cadre sécurisé;

Les résultats contenus dans ce document sont obtenus grâce à une approche globale intégrant une analyse des besoins fonctionnels et techniques, analyse se basant sur les concepts du langage UML.

Cette approche nous a permis d'aboutir aux résultats suivants :

- Une application développée sur les normes J2EE, utilisant les technologies Java Server Faces, Hibernate ;
- Une application WEB sécurisée avec le protocole HTTPS, et la technologie SPRING Securty ;
- Une plateforme intégrée utilisant des web services pour les échanges de données.

La plateforme de télépaiement est un outil web sécurisé, qui permet aux employeurs inscrits au système de s'acquitter de leur devoir de façon dématérialisée ; deux méthodes de paiements sont offertes :

- le télépaiement ;
- le prélèvement automatique.

3

Table des matières

Table des illustrations

Avant propos

L'institut Burkinabé des Arts et Métiers (IBAM) est un établissement d'enseignement professionnel crée en janvier 2000 dans le souci de professionnaliser les filières de l'Université de Ouagadougou.

L'IBAM, met à la disposition du marché de l'emploi des étudiants bien formés dans divers secteurs d'activités : banque, assurance, gestion et marketing, informatique.

Le MIAGE est l'une des nombreuses filières enseignées à l'IBAM. Au terme de leur formation, les étudiants du MIAGE sont nantis du diplôme de Maîtrise en Méthode Informatique Appliquée à la Gestion.

En fin de cycle, les étudiants sont astreints de présenter un mémoire qui sera défendu devant un jury, le mémoire fait suite à un stage d'au moins trois (03) mois en entreprise, afin de permettre une meilleure intégration à l'issu des études.

C'est dans ce cadre que nous avons été reçu au sein de la Caisse Nationale de Sécurité Sociale, et nous avons été chargé de traiter le thème suivant : Mise en place d'une plateforme de paiement électronique des cotisations.

L'étude de ce thème est l'objet du présent document.

Introduction

Une trentaine d'années ont suffi pour faire des technologies de l'information et de la communication (TIC) l'un des principaux vecteurs de l'activité économique et sociale presque partout dans le monde. Selon *Jacques Bojawo « Internet est une chance pour l'Afrique»,* pour peu que les gouvernements mettent en place les infrastructures nécessaires et le cadre juridique pour la vulgarisation de ses nouvelles applications. La promotion de la science et de la technologie est la pièce maîtresse du genre de progrès économique dont l'Afrique a besoin, si elle veut être compétitive au XXIe siècle [BOJA 2002].

Les TIC offrent en effet une occasion exceptionnelle à l'Afrique de se mettre au diapason de la technologie et du développement économique.

Le gouvernement ayant compris la nécessité d'intégrer les TIC dans la stratégie de croissance accélérée a décidé de légiférer dans le domaine des transactions et service électronique en adoptant la loi 045-2009 portant réglementation des services et transactions électroniques au Burkina Faso. En adoptant cette loi, l'état du Burkina marque un pas décisif pour l'émergence d'une société nouvelle : celle des e-administration, e-service, tout en invitant ses démembrements à intégrer cette nouvelle vision dans leur politique de développement en vue « d'assurer la meilleure insertion de notre pays dans les autoroutes de l'information » [COMP 2005].

S'inscrivant dans la politique d'un Burkina des e-services, la Caisse Nationale de Sécurité Sociale, envisage mettre en place des services en ligne aux profits de ses assurés.

L'étude sur la mise en place d'une plate-forme dématérialisée de paiement des cotisations est une étape d'un long processus, qui va offrir aux assurés à terme un grand catalogue de service en ligne.

Nous avons choisi de mener cette étude pour jeter les bases, de l'étude globale qui sera menée en vue de la mise en place d'un ensemble de service en ligne, au profit des partenaires de la CNSS.

Dans notre document, nous présenterons les procédures à mettre en place grâce à une méthode informatique, après avoir présenté le thème de l'étude.

11

I. Présentation de la CNSS

La Caisse Nationale de Sécurité Sociale (CNSS) du Burkina a été créée en 1955. A sa création elle avait pour rôle d'assurer la protection sociale à l'ensemble des travailleurs salariés. Au fil des années des innovations furent introduites, de telle sorte que de nos jour, la CNSS offre des prestations dans divers domaines au profit des travailleurs du secteur privé :

- les prestations familiales ;
- les accidents de travail et risque professionnels ;
- l'assurance vieillesse.

La CNSS a élargi le champ d'application du régime social aux travailleurs indépendants de l'économie informelle, ceux exerçant des professions libérales et les étudiants des centres de formation professionnelle.

C'est un établissement public de prévoyance sociale au terme de la loi n°016-2006/AN, qui organisé comme suit : compte sept (7) Directions Centrales et cinq (5) Directions Régionales.

Les Directions Centrales:

- Direction du Recouvrement et du Contentieux (DRC) ;
- Direction de la Prévention de l'Action Sanitaire et Sociale (DPASS) ;
- Direction Administrative, Financière et Comptable (DAFC) ;
- Direction des Ressources Humaines (DRH) ;
- Direction de l'Informatique et de la Statistique (DIS) ;
- Direction de l'Investissement et de la Gestion Immobilière (DIGI) ;
- Direction Centrale des Prestations (DCP).

La CNSS en chiffre c'est 55 369 allocataires, 224 208 assurés, 61090 épouses d'allocataires, 168617 enfants d'allocations, 2015 rentiers et 35545 pensionnés [CNSS 2009].

II. Contexte de l'Etude

II.1 Justification de l'étude

Le recouvrement des cotisations est l'une des sources principales de mobilisation des fonds au bénéfice de ses assurés [LOI 15-2006], c'est pourquoi l'administration de la Caisse Nationale de Sécurité Sociale a mis un accent particulier sur le processus d'informatisation. Ainsi toute la chaine de recouvrement qui regroupe la déclaration et le paiement a été automatisée, accroissant le taux de recouvrement.

Cependant, des multiples faiblesses ont été constatées. Au nombre desquelles on peut citer :

- La multiplication des réclamations due à des erreurs de saisies : les données ne sont pas saisie par l'employeur lui même ;
- les données de la déclaration ne sont pas toujours saisies avant le paiement, ce qui entraine souvent des différences de soldes ;
- de longues files d'attente pour le dépôt de chèque, ou pour le versement, synonyme de perte de temps pour les employeurs ;
- les fiches de déclaration sont remplies manuellement pour la plus part des employeurs, cela peut être une source d'erreur au moment du paiement ;
- l'appel des cotisations est fait par courrier : une forte utilisation du papier, provoquant des coûts supplémentaires pour la CNSS. On constate aussi une perte énorme de temps pour le conditionnement des enveloppes.

En dehors des faiblesses du système informatisé, et du système de recouvrement dans son ensemble, la CNSS, entreprise publique a l'ambition de :

- moderniser d'avantage les outils qu'elle met à la disposition de ses partenaires,
- s'inscrire en droite ligne dans la politique de la Conférence Interafricaine de la Prévoyance Sociale (CIPRES), qui prône la dématérialisation des procédures de recouvrement,
- s'inscrire en droite ligne dans la Politique nationale de modernisation de l'administration, par les e-services.

Contexte

II.2 *Objectif*

En mettant en place une plate forme dématérialisée de paiement des cotisations, l'administration de la CNSS vise les objectifs suivants :
- simplifier les procédures relatives à la déclaration des salaires et au paiement des cotisations;
- fiabiliser les transferts d'informations entre la CNSS et les affiliés;
- réduire les délais de prise en charge des déclarations et des paiements dans un cadre sécurisé;
- minimiser les pertes de temps pour des tâches de moindre importance ;
- améliorer la qualité des services rendus aux affiliés et aux salariés tout en réduisant les coûts de traitement;
- diminuer l'utilisation du papier ;
- responsabiliser les employeurs vis-à-vis de leurs données ;
- permettre un gain énorme de temps dans le traitement des données grâce au paiement en ligne ;
- permettre aux employeurs de consulter leur situation cotisante en ligne ;
- offrir un outil moderne de communication.

A terme l'outil permettra de diversifier les moyens et les procédures de paiement, puisqu'il s'intègrera aux procédures déjà existantes, ce qui permettra sans doute d'améliorer le taux de recouvrement des cotisations pour le grand bonheur des employés.

II.3 *Résultats attendus*

L'étude devra permettre d'obtenir les résultats suivants :
- Une plateforme web intégrée et sécurisée, utilisant les technologies de dernières génération est mise en place ;
- Les employeurs disposent d'un outil pour le paiement en ligne des cotisations ;
- Les procédures de paiements des cotisations sont dématérialisées ;

Contexte

II.4 Cadre juridique des transactions électroniques

Le service électronique qui sera mis en place est encadré par certaines dispositions de la loi qui régit les transactions électroniques. Nous présentons ici quelques dispositions qui justifie la légalité de la solution que nous allons proposer :

- On entend par communication électronique, toute notification, déclaration, mise en demeure requête ou autre manifestation d'intention, y compris une offre et son acception, transmise par voie électronique [LOI 045 2009]

- Un Service financier tout service ayant trait à la banque, au crédit, à l'assurance, aux retraites individuelles, aux investissements et aux paiements [LOI 045 2009].

- L'écrit sous forme électronique est admis en preuve au même titre que l'écrit sur support papier et à la même force probante que celui –ci, sous réserve que puisse être dûment identifiée la personne dont il émane et qu'il soit établi et conservé dans les mêmes conditions de nature à garantir l'intégrité [LOI 045 2009].

- Toute communication effectuée dans le cadre de la procédure administrative peut se faire par voie électronique. Elle est réputée reçue au moment où le destinataire a la possibilité d'en prendre connaissance. [LOI 045 2009].

- Lorsqu'un paiement est exigé du demandeur au cours d'une procédure administrative notamment pour l'obtention d'une attestation ou d'un document officiel, ce paiement peut avoir lieu par voie électronique, conformément aux modalités et conditions définies par le gouvernement.

III. Etude Préalable

III.1 Démarche utilisée

La réussite d'une étude passe par le choix d'une méthode de travail appropriée, une méthode qui permette de mieux cerner le problème posé, puis de proposer des solutions efficientes et efficaces.

Une méthode (ou méthodologie) est un ensemble de processus et d'heuristiques utilisés pour réduire la complexité d'un problème [ECKEL].

La méthode que nous allons utiliser dans notre étude est inspirée du Processus Unifié (UP).

UP est une méthode générique de développement de logiciels. Générique signifie qu'il est nécessaire d'adapter UP au contexte du projet, de l'équipe, du domaine et/ou de l'organisation [GALLO].

Notre méthode s'articulera autour de quatre (04) étapes, Au cours de ces étapes nous présenterons notre futur système à l'aide de modèles tiré du langage UML.

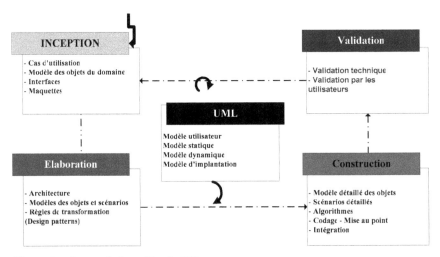

Figure 1 : étapes de la méthode UP

La figure 1 présente les étapes de la méthode UP qui se veut itérative et s'appuie sur les concepts de modélisation du langage UML.

Etude préalable

Les avantages sont :

- limite les coûts, en termes de risques, aux strictes dépenses liées à une itération ;
- limite les risques de retard de mise sur le marché du produit ;
- accélère le rythme de développement grâce à des objectifs clairs et à court terme ;
- prend en compte le fait les besoins des utilisateurs et les exigences correspondantes ne peuvent être intégralement définis à l'avance et se dégagent peu à peu des itérations successives.

III.2 Expression des besoins

III.2.1   Besoins non fonctionnels

Les spécifications techniques s'expriment, en termes de sécurité, de performance, d'extensibilité, de disponibilité. Elles décrivent les besoins opérationnels que doit couvrir la plateforme :

- la plate forme doit être accessible grâce à un navigateur web, pour ce faire elle doit être conçu suivant la technologie J2EE ;
- elle doit être capable d'interagir avec une base de données robuste et sécurisé ;
- elle doit être à mesure de communiquer avec les applications existantes, notamment l'application des cotisations, pour permettre le couplage avec les modes de payement existant. Pour cela elle doit être capable d'invoquer des Services web en utilisant le protocole à base de messages XML :SOAP.

La plateforme au niveau de l'échange de données doit être capable d'assurer la **confidentialité, l'intégrité, l'authentification, la non répudiation**: elle doit utiliser le protocole HTTPS.

Elle doit assurer une haute disponibilité : le service doit être disponible en tout temps.

19

Etude préalable

III.2.2 Besoins fonctionnels

Les fonctionnalités principales de la plateforme sont :

Inscription

L'inscription au service de paiement en ligne se fait en ligne, pour ce faire l'employeur rempli un formulaire, une fiche est générée par la suite par ce dernier et imprimée en trois (03) exemplaires. Ces fiches doivent être dument signées par les banques concernées marquant ainsi leur adhésion à la procédure. Elles sont déposées à la CNSS pour signature. Ces fiches tiennent lieu de contrat entre la CNSS, la banque concernée, et l'employeur.

Après vérification de l'inscription, et des fiches remplies par l'employeur, le responsable du service recouvrement par délégation, signe dans la zone réservée à cet effet. Cette signature donne autorisation à un agent du recouvrement qui procède, à la validation de l'inscription, un mail de confirmation est envoyé à l'employeur. Dès ce moment l'employeur peut procéder à des paiements en ligne.

Choix entre deux modes règlement :

Le prélèvement automatique, permet les règlements répétitifs par prélèvements sur le compte bancaire à échéance, après l'accord du débiteur.

Le télé-règlement par carte bancaire, porte feuille électronique

Paiement

Avant toute action sur la plateforme, l'employeur doit s'authentifier en saisissant son numéro de sécurité sociale et son mot de passe. Après authentification, il procède à la déclaration de ses cotisations[1].

Après la déclaration des cotisations, l'employeur, peut procéder au paiement de ses cotisations, le montant dû est affiché:

- Cas du prélèvement automatique

L'employeur peut **repartir** la somme due sur trois comptes. Il a la possibilité de payer le montant qu'il désire jusqu' à la limite du montant total dû.

---

[1] Ce service n'est pas l'objet de notre étude

Etude préalable

Un récapitulatif des répartitions des montants sur les comptes choisis s'affiche. Il peut dès lors procéder à la validation de l'ordre de paiement après avoir saisi la date de prélèvement.

Après avoir saisie la date de prélèvement, l'utilisateur valide l'ordre de paiement automatique. Un reçu de paiement lui est délivré, un mail lui est envoyé. Le paiement est mis en attente jusqu'à validation de l'ordre de paiement par le service recouvrement.

- Cas du télérèglement

L'utilisateur est redirigé vers le site sécurisé de payement. Toutes les transactions se feront sur ce site sécurisé. Ce service financier doit offrir un service de paiement électronique qui permet de payer des achats, de recevoir des paiements, ou d'envoyer et de recevoir de l'argent.

Validation des paiements

- Cas du prélèvement automatique

Les ordres de virement sont imprimés par un agent du service recouvrement, ces ordres sont envoyés aux banques concernées.

Le payement n'est validé qu'après virement effectif des sommes dues par l'employeur, au niveau de la banque. Des avis de virement sont renvoyés par les banques pour confirmer ou infirmer le virement.

Le statut du compte de l'employeur est mise à jour : passe du statut « attente », à « payé ». Si l'employeur n'est pas solvable, le statut passe de « attente » à « Rejet »

- Cas du télérèglement

Après validation du paiement, le service financier se charge des transactions et renvoie l'utilisateur sur la plate forme à la fin de l'opération.

Un mail est envoyé à l'utilisateur dans tous les cas

Demande de rattachement d'un compte bancaire

L'employeur se connecte à la plate forme, saisi les informations de la banque : numéro de compte, numéro de la banque, nom de la banque, code swift.

Cette procédure est identique à la procédure d'inscription à la différence que seules les informations de la banque sont requises.

Etude préalable

Demande de résiliation d'un télé-règlement

L'employeur envoie un courrier à la CNSS avec pour objet la résiliation de son contrat de télé-règlement. Au regard de ce courrier, le compte de l'employeur est désactivé. Une notification lui est envoyée. A la désactivation un mail est envoyé à ce dernier.

Demande de remplacement d'un compte bancaire par un autre

L'employeur saisi les informations de sa nouvelle banque, lorsque les fiches sont reçues par le chef de service recouvrement, celui-ci ordonne la désactivation de l'ancienne banque et l'activation de la nouvelle.

Demande changement de mode règlement

L'employeur, lorsque celui- ci le désire peut changer de mode règlement. Pour changer de mode règlement il suffit de choisir le nouveau mode puis le système exigera les informations requises liées au mode choisi.

Lorsqu'il s'agit du prélèvement automatique, l'employeur devra suivre la même procédure qu'a l'inscription.

Consultation des paiements, et de son compte

L'employeur se connecte au système. Saisi les informations nécessaires, puis procède à une recherche, le système affiche le résultat de la recherche.

III.3 Etat des lieux des cotisations

Les cotisations, sont assises sur l'ensemble des rémunérations perçues par les personnes assujetties, y compris les indemnités, primes, gratifications, commissions [CNSS 15 2002].

L'employeur est débiteur des cotisations dues vis-à-vis de l'établissement public de prévoyance sociale chargé de gérer le régime de sécurité social. Il est responsable de leur versement.[2]

La Caisse Nationale de Sécurité Sociale, collecte trimestriellement, ou mensuellement les cotisations versées par les employeurs.

---

[2] Article 15 de la loi 15-2006/AN du 15 juin 2002 portant régime de sécurité sociale applicable aux travailleurs salariés et assimilés au Burkina Faso

Etude préalable

Pour le suivi efficient du recouvrement des cotisations, elle a mis en place un système informatisé. Ce système comporte plusieurs modules à savoir :

- le module immatriculation : permet l'enregistrement et l'immatriculation des employeurs et de leurs employés ;
- le module recouvrement : permet la levée des cotisations, la saisie des déclarations, l'encaissement des paiements, la saisie des chèques reçus. Ce module permet aussi la saisie des rapports de contentieux, et l'application des pénalité de non production en cas de non production des déclaration de salaires et de majorations en cas de non paiement des cotisations dues ;

Nous allons dans les lignes qui suivent décrire le processus de déclaration, et de paiement du système actuel.

En début de mois, les appels à cotisations sont imprimés, conditionnés et envoyés aux employeurs par courrier. Ces appels sont une invite à l'adresse des employeurs, à payer leur cotisations. En fin de mois, les employeurs se présentent devant les agents de recouvrement, pour faire la déclaration des cotisations. Cette déclaration est saisie dans le système. L'employeur est invité ensuite à se présenter devant le caissier pour procéder au paiement. Le caissier encaisse le paiement et lui délivre un reçu de paiement. Le compte employeur est mis à jour.

Les modes de paiements disponibles sont :

- Le chèque ;
- L'espèce ;
- Le virement ;
- La retenue sur facture.

La fréquence de déclaration et de paiement est soit mensuelle ou trimestrielle selon que le nombre des employés est supérieur ou égal à vingt, ou inférieur à vingt.

Etude préalable

III.4 Planning de l'étude

Inception			
Tâche	**Date Début**	**Date Fin**	**Durée (jours)**
Capture des besoins fonctionnels	04/07/2011	09/07/2011	6
Capture des besoins techniques	11/07/2011	16/07/2011	6
Identification des cas d'utilisation	18/07/2011	23/07/2011	6
Modélisation des objets	25/07/2011	30/07/2011	6

Elaboration			
Tâche	**Date Début**	**Date Fin**	**Durée (jours)**
Modélisation des objets et scénario	01/08/2011	13/08/2011	14
Règle de transformation	15/08/2011	19/08/2011	6

Construction			
Tâche	**Date Début**	**Date Fin**	**Durée (jours)**
Modélisation détaillé des objets	22/08/2011	27/08/2011	6
Algorithmes	29/09/2011	11/09/2011	14
Codage	12/09/2011	12/10/2011	30

IV Etude du système

IV.1 Modélisation des besoins fonctionnels

L'analyse est la première étape de notre étude, c'est l'étape de l'expression, de recueil, de formalisation des besoins du demandeur (le client) et de l'ensemble des contraintes, puis d'estimation de la faisabilité de ces besoins.

Nous allons utiliser plusieurs concepts d'UML pour modéliser les besoins fonctionnels du système.

IV.1.1 Identification des acteurs

L'étude nous a permis d'identifier plusieurs acteurs qui interagissent avec la plateforme. Le tableau ci dessous présente les acteurs du système:

Acteur	Rôle
Employeur	- Assure l'inscription à la plateforme - Assure la gestion du compte - Assure les opérations de payement - Peut demander une modification des informations liées à son compte
Agent cotisation	- Chargé de la gestion des comptes (validation, résiliation, réactivation…) - Chargé de la validation des paiements
Service Financier sécurisé	- Assure l'exécution du processus de payement en ligne

IV.1.2 Identification des cas d'utilisations

A partir de la description des besoins fonctionnels, on peut dégager les cas d'utilisation du système. Les tableaux qui suivent résument les cas d'utilisation préliminaires de la plateforme.

25

Etude du système

Acteur	Cas d'utilisation	Résumé
Employeur	Inscription	- Ce cas d'utilisation permet à l'employeur de s'inscrire au système de payement électronique ; - De choisir le type de paiement voulu ; - De créer un compte pour l'inscrit.
	Authentification	- de s'authentifier
	Payement	- Ce cas d'utilisation permet de payer les sommes dues à la CNSS ; - Le payement peut se faire grâce à un système de payement sécurisé, ou par prélèvement;
	Consultation du Solde	Consulter le solde du compte
Agent Cotisation	Validation Payement	- Valider les payements en attentes - De mettre à jour le solde employeur - D'éditer les ordres de payement
Service financier sécurisé	Vérification et validation de télépaiement	- Vérifier le solde Paypal - Procéder au virement vers le compte CNSS - Mettre à jour le solde des comptes - Retourner l'information du payement

Etude du système

IV.1.3 Diagramme des cas d'utilisation

Le diagramme de cas d'utilisation représente la structure des grandes fonctionnalités nécessaires aux utilisateurs du système. C'est le premier diagramme du modèle UML, celui qui assure la relation entre l'utilisateur et les objets que le système met en œuvre. [AUDI]

Représentation des cas d'utilisations

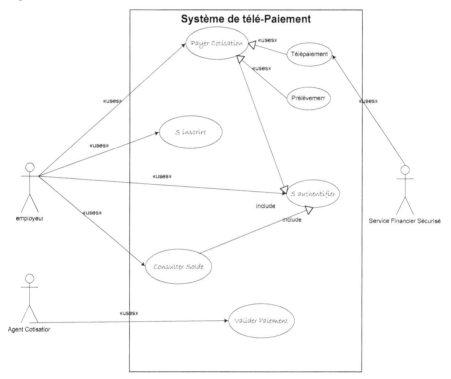

Figure 2 : Diagramme de cas d'utilisation payement

Description des cas d'utilisation

27

Etude du système

Système télé-paiement
Cas d'utilisation : S'inscrire
Résumé : Le système prend en compte l'inscription, en enregistrant dans la base de données
Acteurs : Employeur, système
Pré-condition : L'employeur ne possède pas déjà un compte dans la plateforme
Scénario nominal : L'employeur se connecte au site L'employeur choisit de s'inscrire Il saisi les informations qui lui sont demandées, il choisit le mode de paiement L'employeur est dans la base des employeurs, il ne possède pas de compte dans la plateforme. Le système vérifie les informations qui lui sont transmises, il crée un compte employeur et enregistre l'employeur comme utilisateur de la plateforme.

Système Paiement
Cas d'utilisation : Authentification
Résumé : Avant l'utilisation des fonctionnalités du système, l'utilisateur doit s'authentifier
Acteurs : Employeur, système
Pré-condition : L'utilisateur, l'employeur, doit posséder un compte dans le système
Scénario nominal : L'employeur saisi, son adresse email et son mot de passe, Il est reconnu par le système, le système vérifie ses privilèges, affiche la page d'accueil.

28

Système Paiement
Cas d'utilisation : télépaiement
Résumé :   L'employeur procède au paiement de ses cotisations directement à partir de son compte Paypal
Acteurs : Employeur, service financier
Pré-condition :   L'employeur dispose d'un compte de télépaiement
Scénario nominal :   L'employeur saisi le montant dû, il valide pour payer, le système le redirige vers le site sécurisé Paypal, où complète le paiement, il est ensuite redirigé vers le système pour la fin de la transaction

IV.1.4   Vue statique

La vue statique permet de représenter la structure du modèle sans tenir compte de l'évolution au cours du temps.

Diagramme des classes

Définition

Le diagramme de classes est généralement considéré comme le plus important dans un développement orienté objet. Il représente l'architecture conceptuelle du système : il décrit les classes que le système utilise, ainsi que leurs liens, que ceux-ci représentent un emboîtage conceptuel (héritage) ou une relation organique (agrégation).

Formalisme

Etude du système

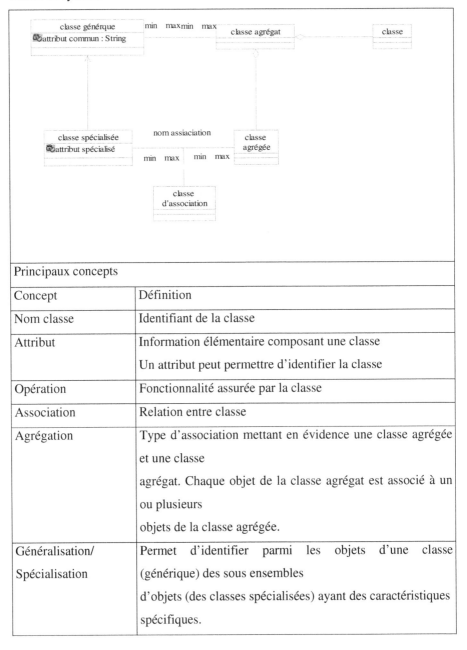

Principaux concepts	
Concept	Définition
Nom classe	Identifiant de la classe
Attribut	Information élémentaire composant une classe Un attribut peut permettre d'identifier la classe
Opération	Fonctionnalité assurée par la classe
Association	Relation entre classe
Agrégation	Type d'association mettant en évidence une classe agrégée et une classe agrégat. Chaque objet de la classe agrégat est associé à un ou plusieurs objets de la classe agrégée.
Généralisation/ Spécialisation	Permet d'identifier parmi les objets d'une classe (générique) des sous ensembles d'objets (des classes spécialisées) ayant des caractéristiques spécifiques.

Figure 3 : formalisme du diagramme des classes

30

Etude du système

Représentation graphique

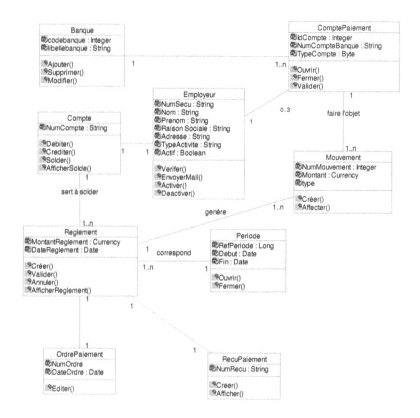

*Figure **4** : diagramme de classes*

IV.1.5   Vue dynamique

Une vue dynamique représente les changements qui interviennent au cours du temps.

Diagramme de séquence

Les diagrammes de séquences ont pour objet de décrire des scénarios particuliers de comportements des acteurs vis-à-vis du système.

Etude du système

Formalisme du diagramme de séquence

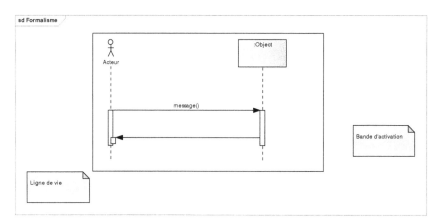

Figure 5 : formalisme diagramme de séquence

Représentation du diagramme de séquence

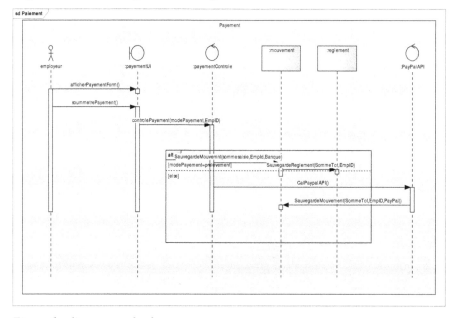

Figure 6 : diagramme de classes

Etude du système

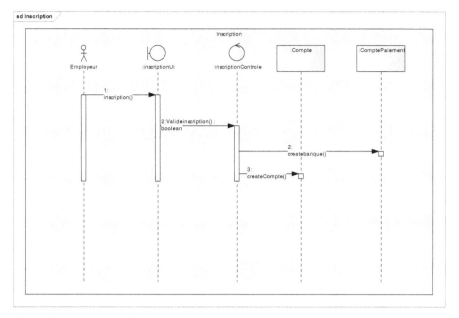

Figure **7**: *diagramme de séquence : Inscription*

Diagramme d'activité

Les diagrammes d'activités permettent de mettre l'accent sur les traitements. Ils sont donc particulièrement adaptés à la modélisation du cheminement de flots de contrôle et de flots de données. Ils permettent ainsi de représenter graphiquement le comportement d'une méthode ou le déroulement d'un cas d'utilisation.

Dans la phase de conception, les diagrammes d'activités sont particulièrement adaptés à la description des cas d'utilisation

Etude du système

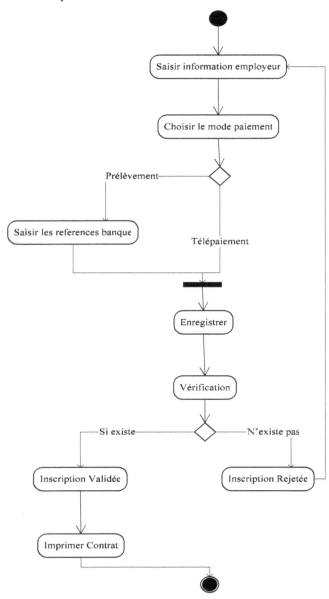

Figure 8 : diagramme d'activité inscription à la plateforme

34

Etude du système

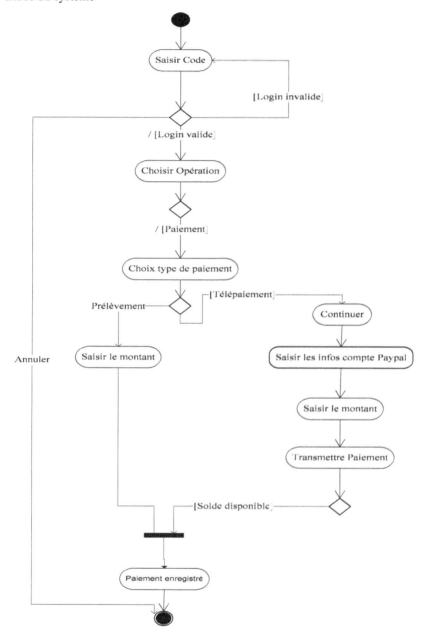

*Figure **9**: diagramme d'activité : paiement*

Etude du système

IV.2 Réalisation

IV.2.1 Technologies utilisées

Pour la réalisation de la solution de télépaiement nous avons opéré des choix à même de répondre au mieux aux besoins fonctionnels exprimés.

La solution proposée se base sur la norme Java 2 Entreprise.

Java 2 Entreprise :

Java 2 Entreprise Edition ou J2EE est une norme proposée par la société SUN, visant à définir un standard de développement d'applications d'entreprises multi-niveaux, basées sur des composants.

J2EE comprend :

- des spécifications du serveur d'application, c'est-à-dire de l'environnement d'exécution ;
- des services, au travers d'API (Application Programming Interface), qui offrent en standard un certain nombre de fonctionnalités.

J2EE s'appuie sur le langage **Java**, bénéficiant de ce fait des avantages et des inconvénients de ce dernier : notamment la portabilité,

Se basant sur la norme J2EE nous avons utilisé les frameworks suivants afin de faciliter, le développement et le déploiement de la plateforme.

Java Server Faces (JSF)

Java Server Faces est un framework d'interface utilisateur pour les applications webs, basé sur les technologies JSP et Servlets.[3]

Le but de JSF est d'accroître la productivité des développeurs dans le développement des interfaces utilisateur tout en facilitant leur maintenance.

RicheFace et **Tomawork**, ces deux frameworks ont été utilisés pour améliorer l'ergonomie de la plateforme, ce sont des frameworks basés sur AJAX, permettant de réaliser des applications web riches.

---

[3] Introduction à JSF avec Netbeans 4.1

Etude du système

Hibernate

C'est un framework, écrit en java, qui permet de faire le mapping (correspondance) entre Objets Java et Objets stockés en base relationnelle en assurant la persistance : mécanisme de sauvegarde et de restauration des données.

Spring

Nous utilisons ce Framework afin de profiter des nombreux avantages qu'il offre :

- réduction du temps de développement des applications en éliminant une grande partie du code SQL à écrire pour interagir avec la base de données et en encapsulant le code SQL résiduel ;
- manipulation des classes dont les données doivent être persistantes comme des classes Java normales ;
- peu de dépendance envers une base de données précise, nous pourrons à tous moment changer de SGBD ;
- possibilité d'utiliser un ensemble de composants riches et réutilisables;
- séparation de la couche présentation des autres couches (MVC) ;
- facilité d'intégration avec d'autre application ;
- facilité de maintenance et d'adaptation.

En outre c'est une occasion pour nous d'approfondir nos connaissances dans le domaine Web avec le standard J2EE.

IV.2.2   Architecture logicielle

La plateforme est constituée de deux grandes composantes :

Le front-office :

C'est la plateforme mise à la disposition des employeurs pour leurs différentes opérations de paiement des cotisations.

Le back-office :

Le back office permet aux agents de cotisation d'éditer les ordres de virement, et de mettre à jour les comptes cotisants des employeurs.

L'architecture logicielle retenue pour la mise en place de la plateforme, est l'architecture 3-tiers. C'est un modèle logique d'architecture applicative qui vise à

Etude du système

séparer nettement trois couches logicielle au sein d'un même système. C'est un empilement de niveaux dont le rôle est clairement défini :

- la présentation des données : couche présentation ;
- le traitement métier : couche métier ;
- l'accès aux données.

Cette architecture a pour avantages :

- l'allègement du poste de travail client ;
- la prise en compte de l'hétérogénéité des plateformes (serveurs, clients, langages, etc.) ;
- l'introduction de clients dits « léger » ;
- l'amélioration de la sécurité des données, en supprimant le lien entre le client et les données ;
- la meilleure répartition de la charge entre différents serveurs d'application.

La figure 10 présente un schéma de l'architecture de la plateforme.

Etude du système

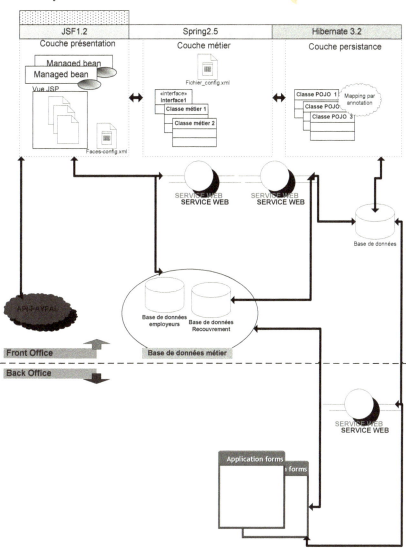

Figure **10***: architecture logicielle globale*

Etude du système

Couche de présentation

Elle correspond à la partie de l'application visible et interactive avec les utilisateurs. Cette couche est composée de :

- l'interface utilisateur :

Cette interface utilisateur a été réalisée à l'aide des framework JSF et Richface, s'appuyant sur la technologie AJAX. Ceci pour offrir aux utilisateurs finaux des composants très évolués et un confort d'utilisation.

- Managed beans

Afin d'envoyer des ordres de traitement à la couche, il a été nécessaire de créer des managed beans. Ce sont des classes Java qui respecte certaines conventions sur le nommage des méthodes, la construction et le comportement.

Couche de traitement métier

Elle correspond à la partie fonctionnelle de l'application. Elle décrit les opérations que l'application traite sur les données en fonction des requêtes des utilisateurs, effectuées au travers de la couche présentation.

Les différentes règles de gestion et de contrôle sont mises en œuvre dans cette couche.

Dans notre cas, elle sert d'interface entre la couche de présentation et la couche de persistance.

Couche de persistance

Elle consiste en la partie gérant l'accès aux données. C'est cette couche qui permet d'enregistrer les données dans la base de données, elle permet aussi de retourner les données suite à une requête de l'utilisateur.

Cette couche est gérée par le frameworks Hibernate. Elle est constituée des classes appelé POJO[4], Ces classes représentent les tables de la base de données (relationnelle). Le mapping Objet/relationnel est fait par annotation[5].

Couche d'échange de donnée

- API Paypal

---

[4] POJO :Plain Old Java Object
[5] Méta-données ajoutées à un code source, alternative aux fichiers de configuration XML

Etude du système

Le paiement en ligne est une opération délicate, c'est pour cela qu'il faut faire appel à un opérateur du domaine qui bénéficie de la confiance de tous.

Plusieurs plateformes de transaction électronique sont disponibles et peuvent être utilisées, on a :

- Global Technology Patners (Africards)
- Inova payment System ;
- Paypal ;
- Payline ;
- Etc.

Pour le télé-règlement, nous allons utiliser les services du site sécurisé de transaction électronique **PayPal**.

PayPal propose une solution pour effectuer et recevoir des paiements en ligne. PayPal a été fondé en 1998. Elle appartient à eBay depuis 2002. Il ne s'agit pas d'une banque mais bien d'une solution complémentaire de paiement.

PayPal permet à une entreprise ou un utilisateur disposant d'une adresse email d'envoyer et de recevoir des paiements en ligne de manière pratique, sécurisée et peu coûteuse. Le réseau se base sur l'infrastructure financière existante de comptes et cartes bancaires afin de créer une solution mondiale de paiement en temps réel.[6]

L'outil de paiement **PayPal** a été choisi pour plusieurs raisons :

- Fiabilité et performance, sureté de sa plate-forme: PayPal compte 184 millions de comptes enregistrés à fin mars 2009 dans le monde, dans 190 pays. De plus, **PayPal** représente un quart des paiements en ligne[7] ;
- Multi devises : PayPal fonctionne avec 19 devises[8] ;
- Facilité d'intégration : l'équipe de PayPal a développé des API permettant d'intégrer le paiement à notre de solution ; de la documentation existe à cet effet ;
- Aucun parténariat explicite n'est nécessaire ;

---

[6] https://www.paypal.com/fr/cgi-bin/webscr?cmd=p/gen/about-outside
[7] Reference : http://fr.wikibooks.org/wiki/Mon%C3%A9tique/Les_solutions_de_paiement_en_ligne
[8] https://www.paypal-press.fr/content/detail.aspx?ReleaseID=249&NewsAreaId=22

Etude du système

- Paypal accepte plusieurs type de carte prépayé (Visa, marstercard, discover africard…).

Nous avons intégré la fonctionnalité Paypal au travers d'un API appelé PAYPAL NVP API qui est une interface de programmation simple qui permet au site marchand qui est le notre, d'accéder aux fonctionnalités commerciales de paypal.

La figure ci dessous représente les interactions qui existent entre l'API Paypal et la plateforme de télépaiement.

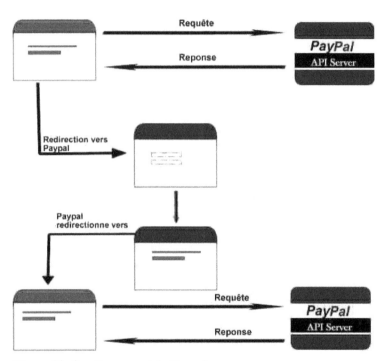

*Figure **11***: *fonctionnement de Paypal*

- **Web Service**

JAX-WS Specification Sun

Java API for XML Web service (JAX-WS) est un Framework qui aide au développement des services web.

Etude du système

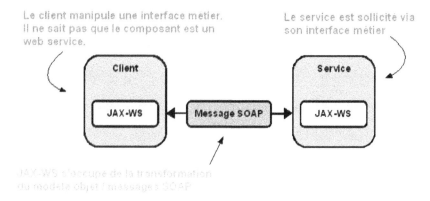

Figure **12**: *fonctionnement de Jax-ws*

Les services qui ont été développés, ont pour rôle :

- vérifier l'existence de l'employeur dans la base de données des employeurs de l'application « recouvrement», avant la validation de l'inscription ;
- fournir les données relatives aux cotisations, payées en ligne à l'application « recouvrement » en vue de la mise à jour du compte cotisant de chaque employeur abonné.

IV.3 Déploiement et sécurité

La plateforme de télépaiement des cotisations est une application web qui doit respecter les normes de sécurité et de performance définies dans les besoins fonctionnelles et techniques, le présent point présente les ressources matérielles et logicielles à mettre en place et leur architecture.

IV.3.1   Diagramme de déploiement

Les diagrammes de déploiement se rapprochent encore plus de la réalité physique, puisqu'ils identifient les éléments matériels (PC, Modem, Station de travail, Serveur, etc.), leur disposition physique (connexions) et la disposition des exécutables (représentés par des composants) sur ces éléments matériels.

Etude du système

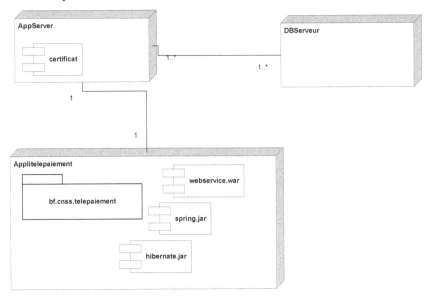

Figure 13: diagramme de déploiement

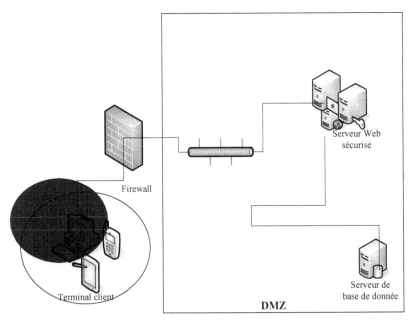

Figure 14: schéma simplifié de l'architecture de déploiement

Etude du système

L'architecture de déploiement de la plateforme est constituée comme suit :

- un serveur web sur laquelle seront installés, les composants logiciels de la plateforme ;

  Ce serveur web abritera aussi les certificats nécessaires à la sécurisation des transactions.

  On pourrait à cet effet utiliser les solutions déjà en place : Oracle Application Server (OAS) comme serveur web.

- un serveur de base de données

Le choix de la base de données est laissé à l'appréciation du management, puisse que la solution proposée peut fonctionner quelque soit la base de données utilisée.

Néanmoins, nous proposons Oracle database 11gR2 pour plusieurs raisons :

- Richesse fonctionnelle ;
- Fonction d'audit évolué ;
- Service Web, support XML ;
- Intégration LDAP, SSL, unicode ; réplication intégrée ;
- Parallélisme, cache nommés ; haute disponibilité ; grande possibilité de tunning ;
- Etc.

- un pare feu pour filtrer les accès à la zone démilitarisée ;
- un client (téléphone, portable, ordinateur) utilisant des navigateurs web.

IV.3.2   Sécurité

La plateforme de télépaiement est une application qui fait appel à des transactions de données personnelles, monétaires. Par conséquent, elles peuvent être sujettes à des attaques. Pour parer à toute éventualité il est nécessaire de mettre un système robuste de sécurité.

Etude du système

Nous avons mise en place au cours de l'implémentation de notre plateforme plusieurs méthodes de sécurité :

- Utilisation de CAPTCHA

Pour éviter des inscriptions par le biais de robot, les spam, nous avons mis en place un code CAPTCHA, qui est une forme de test permettant de différencier de manière automatisée un utilisateur humain d'un ordinateur.

La vérification utilise la capacité d'analyse d'image de l'être humain. Il nécessite que l'utilisateur au cours de son inscription au système, tape les lettres et les chiffres visibles sur une image distordue qui apparaît à l'écran.

- Utilisation de Spring Security

Afin de sécuriser les ressources c'est-à-dire les pages web, et les objets de services métier de la plateforme de télépaiement nous avons utilisé le framework Spring Security. Toute ressource sollicitée par un appelant est rendue accessible si, d'une part, l'appelant s'est identifié, et si d'autre part, il possède les droits nécessaires.

- Utilisation de SSL

L'utilisation de SSL est motivée par la nécessité de sécuriser les données envoyées par les employeurs durant les transactions.

SSL est un système qui permet d'échanger des informations entre deux ordinateurs de façon sécurisée. SSL assure :

- La confidentialité : il est impossible d'espionner les informations échangées ;
- L'intégrité : il est impossible de truquer les informations échangées ;
- L'authentification : il permet de s'assurer de l'identité du programme, avec laquelle on communique.

Figure **15**: *représentation de SSL*

46

IV.4 Mise en œuvre

Pour l'opérationnalisation du nouveau système de recouvrement des cotisations, nous préconisons les mesures suivantes :

- **Convention entre la CNSS et les Banques**

Des conventions doivent être signées en partenariat avec les établissements financiers de la place. Ces conventions vont permettre d'autoriser les ordres de prélèvement sur le compte des employeurs.

- **Création d'un compte virtuel PayPal par la CNSS : ce compte reçoit les payements**

Des dispositions doivent être prises en vue de la création d'un compte PayPal. Ce compte permettra de recevoir les payements en ligne.

- **Une cellule de paiement électronique**

Une cellule doit être créée au sein du service cotisation pour s'occuper uniquement du système de paiement électronique. Cette cellule doit être mise sous la responsabilité d'un chef de cellule.

Conclusion

Les services en ligne sont un moyen indispensable pour la mobilisation des ressources au profit de la CNSS, pour un souci de modernisation de ses relations avec ses partenaires, nous avons réalisé cette présente étude qui a durée trois (03) mois.

La présente étude nous a permis à son terme de mettre en place une plateforme permettant des paiements en ligne.

L'étude a permis d'aboutir aux résultats suivant :

- une plate forme de paiement sécurisée est réalisée;
- un outil permettant la mobilisation des ressources est disponible ;
- un outil permettant d'avoir des données fiables est disponible;
- un outil permettant de moderniser les moyens d'échanges de données ;
- un portail dédié aux employeurs pour leurs transactions ;
- un outil permettant la validation des paiements et l'édition des ordres de virement.

Elle nous a permis d'approfondir nos connaissances acquises en classe notamment :

- en matière de développement web ;
- en matière de développement de services web ;
- en matière de développement Java et ses technologies connexes ;
- dans le domaine de la sécurisation des services Web ;
- dans le domaine du paiement électronique.

La plateforme contribuera sans aucun doute à l'amélioration des recouvrements et la l'élargissement de l'assiette des cotisations, si l'on procède à sa mise en œuvre effective et à sa vulgarisation.

En termes de perspective, à la suite de cette étude, il est souhaitable de mettre en place des outils dématérialisés pour la gestion des services essentiels offerts par la CNSS au profit de ses partenaires. Il s'agit notamment de :

- la déclaration des cotisations ;
- la délivrance de l'attestation de situation cotisante ;

Conclusion

- la déclaration des accidents de travail ;
- la déclaration de sortie ou d'entrée d'un employé ;
- Etc.

Glossaire

Servlet

Une servlet est un programme qui s'exécute côté serveur en tant qu'extension du serveur. Elle reçoit une requête du client, elle effectue des traitements et renvoie le résultat. La liaison entre la servlet et le client peut être directe ou passer par un intermédiaire comme par exemple un serveur http.

JSP

Les JSP permettent d'introduire du code Java dans des tags prédéfinis à l'intérieur d'une page HTML. La technologie JSP mélange la puissance de Java côté serveur et la facilité de mise en page d'HTML côté client.

Framework

Kit de composants logiciels structurels, qui servent à créer les fondations ainsi que les grande lignes de tout ou parie d'un logiciel.

SGBD

Un système de gestion de base de données(SGBD), est un ensemble de logiciels informatiques qui sert à la manipulation des bases de données.

Architecture MVC

Le modèle-vue-contrôleur est une architecture et une méthode de conception qui organise l'interface homme machine d'une application logicielle. Ce paradigme divise l'IHM en un modèle (modèle de données), une vue et un contrôleur, chacun ayant un rôle précis dans l'interface.

Service web

Les services web permettent l'appel d'une méthode d'un objet distant en utilisant un protocole web pour transport (http en général) et XML pour formater les échanges. Les services web fonctionnent sur le principe du client serveur :

- un client appelle les services web ;
- le serveur traite la demande et renvoie le résultat au client ;
- le client utilise le résultat.

J2EE

Glossaire

J2EE est une plate-forme fortement orientée serveur pour le développement et l'exécution d'applications distribuées. Elle est composée de deux parties essentielles :

- un ensemble de spécifications pour une infrastructure dans laquelle s'exécutent les composants écrits en Java : un tel environnement se nomme serveur d'application.
- un ensemble d'API qui peut être obtenues et utilisées séparément. Pour être utilisées, certaines nécessitent une implémentation de la part d'un fournisseur tiers.

SSL (Secure Socket Layer) : technologie de sécurité utilisée pour crypter les données échangées

XML (eXtended Markup Language): utilisé pour la description de structures de données en format texte

JSP (Java Server Pages) : technologie de présentation d'interfaces d'applications Web

JSF : technologie utilisant JSP permettant de contrôler la présentation d'interfaces et de développer des composants graphiques pour des interfaces Web

UML

UML est un langage de modélisation graphique à base de pictogrammes. C'est un langage de notation permettant de modéliser un problème de façon standard.

JavaBean : simple classe Java respectant des conventions de nommage des attributs et des méthodes d'accès aux attributs;

HTTP: HyperText Transfert Protocol (protocole utilisé pour transférer les données entre un serveur Web et les clients).

UP (Unified Process) est une méthode générique de développement de logiciel.

Générique signifie qu'il est nécessaire d'adapter UP au contexte du projet, de l'équipe, du domaine et/ou de l'organisation (exemple: R.UP ou X.UP). C'est, entre parenthèses, plus ou moins vrai pour toute méthode, qu'elle se définisse elle-même comme générique ou pas.

Modèle

Glossaire

La modélisation consiste à créer une représentation simplifiée d'un problème: **le modèle**.

Grâce au modèle il est possible de représenter simplement un problème, un concept et le simuler.

La modélisation comporte deux composantes:

- . L'analyse, c'est-à-dire l'étude du problème
- la conception, soit la mise au point d'une solution au problème

Le modèle constitue ainsi une représentation possible du système pour un point de vue donné.

Ajax

Ajax : Asynchronous Javascript and XML est une manière de construire des applications et des sites dynamiques basés sur diverses technologies : Ajax est la combinaison de technologies telles que javascript, CSS, XML et XMLhttprequest, dans le but de réaliser des applications web qui offrent un confort d'utilisation.

Bibliographie

Bibliographie

1. **[BONJ 2002] Jacques BONJAWO**. Internet une chance pour l'Afrique Karthala 2002 page 47.
2. **[COMP 2005] Blaise COMPAORE**. Un progrès continue pour une société d'espérance 2005.
3. **[AUDI] Laurent AUDIBERT**. UML 2.0 .
4. A propos de paypal disponible à l'adresse https://www.paypal.com/fr/cgi-bin/webscr?cmd=p/gen/about-outside.
5. **[CNSS 045 2009]** loi 045-2009 portant réglementation des services et transactions électroniques au Burkina Faso.
6. **[CNSS 045 2002]** loi 15-2006/AN du 15 juin 2002 portant régime de sécurité sociale applicable aux travailleurs salariés et assimilés au Burkina Faso.
7. http://fr.wikibooks.org/wiki/Mon%C3%A9tique/Les_solutions_de_paiement_en_ligne
8. https://www.paypal-press.fr/content/detail.aspx?ReleaseID=249&NewsAreaId=22.
9. **[ECKEL] Bruce ECKEL**. Penser en Java seconde édition.
10. **[GALLO] DI GALLO Frédéric**. Méthodologie des systèmes d'informations :UML .
11. Introduction à JSF avec Netbeans 4.1.
12. http://www.mysql.fr/why-mysql/marketshare/.
13. **[DOUD] Jean Michel DOUDOUX**. Développons en Java .
14. **[SOUT 2007] Christian Soutou**. UML 2 pour les bases de données avec 20 exercices corrigés édition Eyrolles, 2007.
15. **[CNSS 2009]** Annuaire Statistique n17 2009

Annexe

Annexe

Connexion à la plateforme

L'authentification est obligatoire pour tout utilisateur désirant accéder à la plateforme

Figure **16***: fenêtre de connexion*

Page d'accueil

Après connexion réussie, l'utilisateur accède à la page d'accueil. De là il peut accéder à tous les autres options auxquelles il a droit.

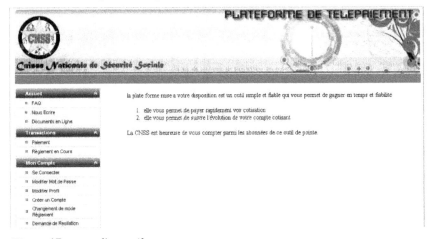

Figure **17***: page d'accueil*

Annexe

Inscription à la plateforme

Afin d'avoir droit aux services de la plateforme, l'utilisateur doit s'inscrire, en y inscrivant ses références.

Figure **18**: *fenêtre des inscriptions*

Paiement des cotisations (prélèvement automatique)

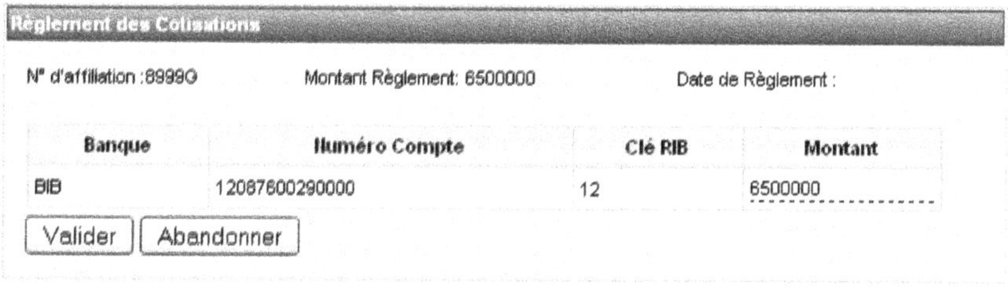

Figure **19**: *fenêtre de paiement des cotisations*

Annexe

Modification du profil de l'employeur

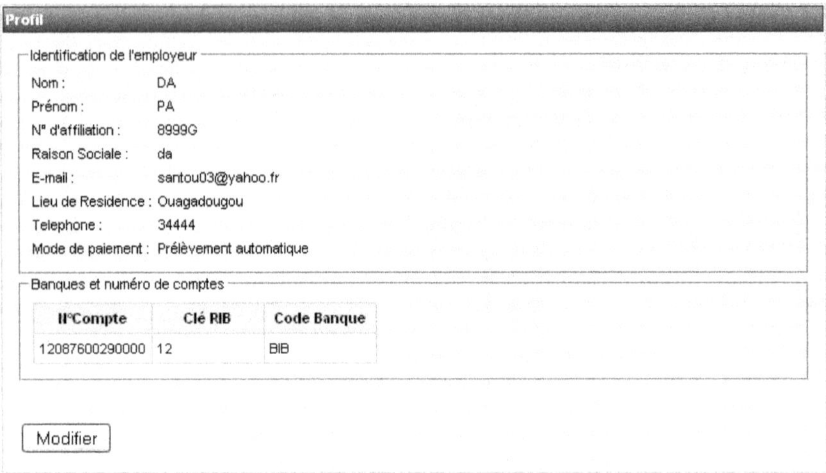

Profil

Identification de l'employeur

Nom : DA
Prénom : PA
N° d'affiliation : 8999G
Raison Sociale : da
E-mail : santou03@yahoo.fr
Lieu de Residence : Ouagadougou
Telephone : 34444
Mode de paiement : Prélèvement automatique

Banques et numéro de comptes

N°Compte	Clé RIB	Code Banque
12087600290000	12	BIB

[Modifier]

*Figure **20**: modification de profil*

Historique des paiements

Cette fenêtre permet d'avoir l'historique des paiements déjà effectués

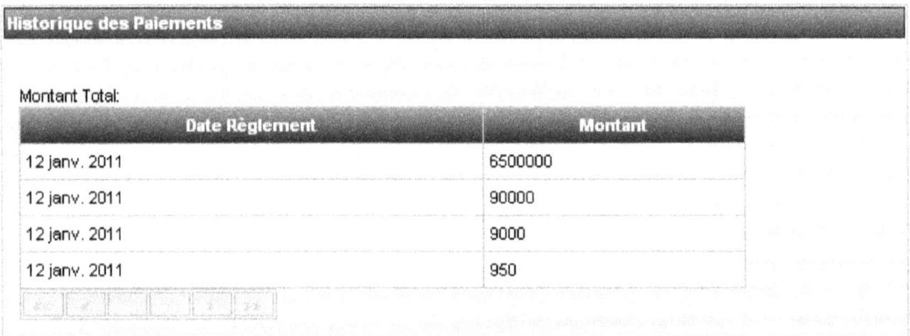

Historique des Paiements

Montant Total:

Date Règlement	Montant
12 janv. 2011	6500000
12 janv. 2011	90000
12 janv. 2011	9000
12 janv. 2011	950

*Figure **21**: historique des paiements*

Annexe

Schéma de navigation des pages

La figure ci-dessous présente l'enchainement des pages de navigation

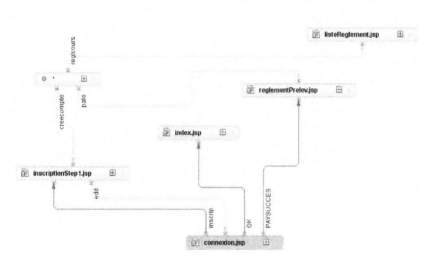

*Figure **22**:Workflow des pages de navigation*

www.ingramcontent.com/pod-product-compliance
Lightning Source LLC
LaVergne TN
LVHW042350060326
832902LV00006B/504